LA

LOI DU 27 DÉCEMBRE 1895

SUR

LES CAISSES DE RETRAITE

DES

EMPLOYÉS ET OUVRIERS

OBSERVATIONS

DE MM.

Charles ROBERT   ET   Émile CHEYSSON

ANCIEN CONSEILLER D'ÉTAT   INSPECTEUR GÉNÉRAL DES PONTS-ET-CHAUSSÉES

Extrait du compte-rendu sténographique de l'Assemblée générale
de la Société pour l'étude de la participation aux bénéfices en date du 12 Avril 1896.

(*Bulletin du Comité des accidents du travail*, 7ᵉ année. — Nᵒ 1 de 1896)

PARIS

LIBRAIRIE CHAIX | SECRÉTARIAT DU COMITÉ

20, Rue Bergère   DES ACCIDENTS DU TRAVAIL

Rue Louis-le-Grand, 20

COMITÉ PERMANENT INTERNATIONAL
DU CONGRÈS DES ACCIDENTS DU TRAVAIL
ET DES ASSURANCES SOCIALES.

BUREAU.

Président :

M. **Linder**, Inspecteur général des Mines, Vice-président du Conseil général des Mines, etc.

Vice-Présidents :

M. **Darcy**, Président du Comité central des Houillères.
M. **Ricard**, Député, ancien ministre.

Secrétaire Général :

M. E. **Gruner**, Ingénieur civil des Mines, Secrétaire du Comité central des Houillères, Membre de l'Institut International de Statistique.

Secrétaire Général Adjoint :

M. M. **Bellom**, Ingénieur au Corps des Mines.

PRÉSIDENTS D'HONNEUR :

Allemagne.— M. le Dr **Bödiker**, Président de l'Office impérial des Assurances.
Belgique. — M. **Sainctelette**, ancien Ministre, Député.
Espagne. — M. Segismundo **Moret**, ancien Ministre des Travaux publics.
États-Unis.— M. **Carroll D. Wright**, Chef du Département du Travail, à Washington.
France. — M. **Engel-Gros**, ancien Présid.t de l'Association de Mulhouse pour prévenir les accidents.
    M. Léon **Say**, Député, membre de l'Institut et de l'Académie française.
    M. Jules **Simon**, Sénateur, de l'Académie française, Secrétaire perpétuel de l'Académie des Sciences morales et politiques.
Italie. — M. L. **Luzzatti**, Député, Professeur à l'Université de Padoue, ancien Ministre du Trésor.
Suisse. — M. Numa **Droz**, ancien Conseiller fédéral.

MEMBRES :

Allemagne. — MM. A. **Dollfus**, Président de la Société Industrielle de Mulhouse.
    Krabler (le Bergrath,) Président de la Corporation minière.
    le Dr **von Mayr**, ancien Sous-Secrétaire d'État.
    Th. **Möller**, membre du Reichstag.
Angleterre. — MM. Alfred Edward **Bateman**, Principal du Département commercial au Board of Trade, Secrétaire honoraire de la Société royale de Statistique de Londres.
    Geoffroy **Drage**, ancien Secrétaire de la Commission du travail.
Autriche. — MM. le Dr Julius **Kaan**, Senior, Chef du Service des assurances au Ministère de l'Intérieur, à Vienne.
    Kögler, Directeur de l'Établ. d'Assurances de la Basse-Autriche, à Vienne.
Belgique. — MM. Ch. **Dejace**, Professeur à l'Université de Liège, Président de la Société belge d'Économie sociale.
    Ch. **Lagasse**, Ingénieur en chef, Directeur des Routes et Bâtiments civils de Belgique.
    Morisseaux, Directeur de l'Office du Travail de Belgique.
Danemark. — M. Marius **Gad**, Chef du Bureau de Statistique du royaume.
États-Unis. — M. le Dr E.-R.-L. **Gould**, Statistical Expert du Département du Travail, Membre de l'Institut International de Statistique, Professeur à l'Université de John Hopkins, à Baltimore.
    M. le Général Amasa Francis **Walker**, Président de l'Association américaine de Statistique, membre de l'Institut international de Statistique.

(Voir la suite page 3 de la couverture).

LA

LOI DU 27 DÉCEMBRE 1895

SUR

LES CAISSES DE RETRAITE

DES

EMPLOYÉS ET OUVRIERS

IMPRIMERIE
CONTANT-LAGUERRE

BAR LE DUC

LA

LOI DU 27 DÉCEMBRE 1895

SUR

LES CAISSES DE RETRAITE

DES

EMPLOYÉS ET OUVRIERS

OBSERVATIONS

DE MM.

Charles **ROBERT**
ANCIEN CONSEILLER D'ÉTAT

ET

Emile **CHEYSSON**
INSPECTEUR GÉNÉRAL DES PONTS-ET-CHAUSSÉES

Extrait du compte-rendu sténographique de l'Assemblée générale
de la Société pour l'étude de la participation aux bénéfices en date du 12 Avril 1896.

(Bulletin du Comité des accidents du travail, 7ᵉ année. — Nᵒ 1 de 1896)

PARIS

LIBRAIRIE CHAIX

20, Rue Bergère

SECRÉTARIAT DU COMITÉ

DES ACCIDENTS DU TRAVAIL

Rue Louis-le-Grand, 20

FRANCE

—

COMMUNICATION

RELATIVE A LA LOI DU 27 DECEMBRE 1895 [1]

CONCERNANT

LES CAISSES DE RETRAITE, DE SECOURS ET DE PRÉVOYANCE
FONDÉES AU PROFIT DES EMPLOYÉS ET OUVRIERS

FAITE LE 12 AVRIL 1896, DANS LA GRANDE SALLE DE CONFÉRENCES DU MUSÉE SOCIAL, A L'ASSEMBLÉE GÉNÉRALE DE LA SOCIÉTÉ POUR L'ÉTUDE DE LA PARTICIPATION AUX BÉNÉFICES, SOUS LA PRÉSIDENCE DE M. CHAIX PÈRE, PRÉSIDENT D'HONNEUR DE CETTE SOCIÉTÉ

Par M. CHARLES ROBERT
ANCIEN CONSEILLER D'ÉTAT

Suivie d'observations présentées par M. Émile CHEYSSON,
Inspecteur général des Ponts-et-Chaussées [2].

———

COMMUNICATION DE M. CHARLES ROBERT.

Messieurs, j'ai à entretenir l'Assemblée de la loi du 27 décembre 1895 « concernant les caisses de retraite, de secours et de prévoyance fondées au profit des employés et ouvriers ». Elle a donné lieu à beaucoup d'interprétations diverses, surtout dans un sens pessimiste. Il n'y a pas lieu cependant, à mon avis, de s'inquiéter outre mesure. Plusieurs dispositions de cette loi, très compliquée, sont obscures et comportent diverses interprétations. Je ferai mon possible pour présenter à l'Assemblée un commentaire simple et clair. Ma communication a pour but principal de montrer aux membres de notre Société, aux chefs d'industrie qui pratiquent la participation aux bénéfices et aux lecteurs de notre *Bulletin* que la loi du 27 décembre 1895 contient deux éléments distincts : d'une part, une ou deux clauses obligatoires dont il faut déterminer exactement le caractère et la portée, et, d'un autre côté, des dispositions facultatives propres à faciliter aux patrons qui s'intéressent au sort de leur personnel une séparation légale des patrimoines entre la dotation des institutions de pré-

---

(1) Voir le texte de cette loi dans le *Bulletin*, t. VI, p. 584.

(2) La Société de participation a bien voulu mettre à notre disposition le compte-rendu de cette partie de la séance, sténographié par Duployé, 36, rue de Rivoli.

voyance et l'actif social de l'établissement industriel exposé à tous les hasards de la pleine mer et au naufrage de la faillite.

Origines de la loi.

Cette loi, dans ce qu'elle a de libéral, est l'enfant de la Société de participation et surtout d'un de ses membres les plus éminents, M. Alfred de Courcy. Il demandait, en 1876, pour donner toute sécurité aux employés et ouvriers pourvus d'une participation aux bénéfices affectée à un but de prévoyance, notamment à la constitution d'un livret individuel de capitalisation à intérêts composés, pour la création d'un patrimoine, que les produits de cette participation fussent, en fait et en droit, entièrement séparés de l'actif social de l'établissement commercial ou industriel.

« Je crois, disait-il, qu'il y aurait des moyens pratiques de mettre complètement à l'abri des vicissitudes la caisse de prévoyance par des dépôts ou des achats de rente au nom de la caisse, constituée et gérée séparément. Si une modification de la législation était, à cet égard, nécessaire, on l'obtiendrait très aisément, en vue du but social à atteindre[1] ». En employant les mots « très aisément » M. de Courcy se montrait beaucoup trop optimiste! Il a fallu vingt ans pour arriver, en le dépassant, il est vrai! au but indiqué par lui.

« La caisse de prévoyance », pour M. de Courcy, c'était la caisse des produits de la participation. Vous savez quelle était son idée : développer le livret individuel, non pas le livret de retraites viagères de la Caisse nationale de la vieillesse, mais le livret individuel de capitalisation à intérêts composés capable de constituer un patrimoine, à la fin de la carrière active de l'employé et de l'ouvrier. Plusieurs des chefs d'industrie auxquels il s'était adressé dans un but de propagande lui avaient répondu : « L'idée est bonne, sans doute, mais qui sait ce que l'avenir apportera? Laissées dans nos caisses, les participations de l'ouvrier pourront être compromises par des malheurs industriels »! et M. de Courcy répliquait en parlant d'une législation nouvelle.

Plusieurs années s'écoulèrent. En 1883, au cours de l'enquête extraparlementaire ouverte au ministère de l'intérieur, par M.

---

(1) L'institution des caisses de prévoyance, par Alfred de Courcy, Paris. Armand Anger, 1876, p. 42.

Waldeck-Rousseau, sur la participation et l'association ouvrière, le bureau de la Société de participation dont faisaient alors partie M. Chaix et M. de Courcy présentèrent des observations dans le sens d'un changement de législation qui, permettant d'isoler les épargnes ouvrières de l'actif patronal, créerait pour elles un champ d'asile, un endroit sacré où elles seraient en sûreté. Je n'entrerai pas dans de longs détails à cet égard. Les renseignements dont auraient besoin les personnes qui voudraient tout savoir se trouvent dans le *Bulletin de la Société de participation* (années 1884, p. 225 et 1885, p. 20 et suiv.). Nous avions obtenu, en décembre 1884, une audience de M. Waldeck-Rousseau. Il nous demanda de préparer nous-mêmes un projet de loi. Nous n'avons pas été aussi temporisateurs que le Sénat et la Chambre des députés. En 48 heures, notre projet de loi était rédigé et déposé. Seulement je dois avouer que ce n'était pas une œuvre parfaite, tant s'en faut. Il laissait à désirer sous beaucoup de rapports. Pour créer la séparation de patrimoines, tant souhaitée, sans constituer la collectivité des ouvriers et employés à l'état de personne civile permanente et vivante en face du patron, nous nous étions livrés à des subtilités juridiques dignes de Byzance sans arriver à être très satisfaits de notre œuvre.

L'enquête extraparlementaire ayant été reprise en 1885, nous avons comparu de nouveau.

Dans la séance tenue par la commission d'enquête le 23 janvier 1885, M. de Courcy, rappelant que l'idée de la création d'une caisse publique de dépôt avait été présentée par lui devant la même commission en septembre 1883, a exposé les bases de notre projet de loi [1]. Je tiens à dire et à répéter, pour qu'il n'y ait pas de confusion, que c'était toujours dans un sens libéral que nous insistions avec énergie et persévérance. Nous ne demandions pas de coercition légale : nous émettions un vœu tendant à être autorisés à séparer dans nos établissements industriels, commerciaux ou financiers, les deux patrimoines. En 1889, il a été parlé de cette matière au Congrès international de la participation. L'année suivante, notre trésorier, M. Frédéric Dubois, docteur en droit, malheureusement absent aujourd'hui, a fait à ce sujet une communication intéressante à la Sorbonne, dans un autre Congrès : celui des

---

(1) *Enquête de la Commission extraparlementaire des associations ouvrières,* 3ᵉ partie. Chaix, 1888.

Sociétés savantes de 1890. A cette époque, nous ne parlions toujours que de caisses publiques, de caisses d'État et l'on nous reprochait de vouloir jeter dans le gouffre béant de la Caisse des dépôts et consignations, les espèces ou les rentes sur l'État qui constituent la dotation des institutions patronales. Mon collègue et ami, M. Cheysson a fait alors entendre sa voix dans ce Congrès pour demander qu'on formât, au contraire, en France, des caisses régionales, des caisses libres quoique surveillées dans lesquelles les fonds pourraient être déposés, mais avec d'autres facultés de placement et d'emploi. Pourquoi imposer toujours cet éternel menu de la rente sur l'État, des obligations garanties par l'État? Pourquoi empêcher de s'entendre avec des Sociétés d'habitations à bon marché pour faire des placements fructueux et indépendants? Ce débat a été suivi par les personnes compétentes avec beaucoup d'intérêt.

Ces origines de la loi qui nous occupe n'ont pas été oubliées. Lorsque la question a été introduite enfin dans le domaine parlementaire, à la suite de la ruine de deux caisses de retraites viagères, M. Guieysse, dans un rapport du 22 janvier 1891 à la Chambre des députés, a fait l'histoire des faits que je viens de rappeler. Son rapport contient, à cet égard, beaucoup de renseignements.

Bessèges et le Comptoir national d'escompte.

En 1888, était survenu un événement déplorable : la catastrophe de Bessèges. La Compagnie de Terrenoire, Lavoulte et Bessèges, qui faisait de mauvaises affaires, possédait, depuis 1848, une caisse de retraites alimentée par des retenues considérables sur les salaires. Ces retenues obligatoires s'élevaient en 1886 jusqu'à 6 p. 0/0. La Compagnie ayant été mise en liquidation, les ouvriers et les employés furent alors frustrés du résultat des sacrifices qu'on leur avait imposés. Un procès intenté par eux aux administrateurs a été plaidé devant le tribunal correctionnel de Lyon. Le 22 mai 1890, le tribunal a jugé que les directeurs ne pouvaient pas être accusés d'abus de confiance ; que, s'ils avaient touché les retenues, c'était dans des conditions telles que la stipulation du paiement, par la Compagnie, des intérêts des fonds déposés entre ses mains impliquait nécessairement pour elle le droit d'utiliser ces fonds, de les faire valoir, et excluait, par elle-même, le caractère du dépôt tel qu'il est décrit et déterminé par le Code civil; « qu'il n'avait pas non plus été stipulé que les fonds seraient déposés dans une caisse spéciale avec une administration indépendante de la Compagnie; que, sur les livres de la Compagnie, il existait bien des comptes spéciaux pour chaque branche d'exploitation, pour la caisse de secours et pour la caisse de retraites, mais que la Compagnie n'avait qu'une seule caisse dans laquelle les fonds provenant des différents éléments sont centralisés et confondus [1] ».

Les retenues ainsi faites sur les salaires des ouvriers de Bessèges ont donc été perdues par ceux qui les avaient supportées.

Peu de temps après, survenait un autre sinistre financier : celui du Comptoir d'escompte. Là aussi existait une caisse de prévoyance, alimentée par des prélèvements effectués par le conseil d'administration sur les bénéfices de l'établissement, 160.000 francs, notamment, en 1872. Au 31 décembre 1888, le compte créditeur de cette caisse s'élevait à 1.465.000 francs. Les employés congédiés se prétendirent alors créanciers de capitaux ou au moins de rentes viagères à imputer sur cette somme, et une instance fut engagée devant le tribunal de commerce de la Seine. Les considérants du jugement du tribunal, confirmé par la Cour d'appel de Paris sont absolument juridiques, mais leur conséquence est cruelle :

« S'il est établi, dit le tribunal, qu'un compte spécial ait été ouvert sous le titre sus-indiqué, il est constant que la Société du Comptoir d'escompte n'a jamais entendu aliéner la propriété du capital que ses membres consentaient à voir distraire des bénéfices annuels;

« Qu'elle a seulement voulu justifier, par un compte ouvert sur les livres, l'emploi de ce capital dont les intérêts seulement devaient servir aux allocations de rentes viagères et à des secours à de vieux employés, ainsi qu'il résulte des extraits suivants des rapports aux assemblées générales ».

La Cour d'appel de Paris, par arrêt du 24 février 1892, adoptant les motifs des premiers juges, ajoute :

« Qu'il ne résulte, ni de la création d'une caisse de prévoyance dans les conditions rappelées, ni de son mode de fonctionnement au profit des employés, un droit acquis et certain à une créance obligatoire pour la Société;

« Qu'il en résulte, au contraire, que ladite Société s'est unique-

---

[1] Journal *Le Droit* des 2-3 juin 1890.

ment proposée d'allouer généreusement des secours annuels et renouvelables à certains de ses employés auxquels elle jugerait à propos de venir en aide;

« Que, dans ces conditions, il y a lieu, sans s'arrêter à la preuve offerte, laquelle est reconnue inutile, de déclarer les appelants mal fondés » [1].

Présentation d'un projet de loi à la Chambre des députés.

Une grande émotion s'étant produite à la suite des épreuves douloureuses qui venaient de frapper ainsi les ouvriers de Bessèges et les employés d'un établissement financier de Paris, le gouvernement délibéra et M. Jules Roche, ministre du commerce, présenta le 20 décembre 1890 à la Chambre des députés un premier projet. L'idée de la séparation des patrimoines et des garanties à donner au personnel faisait ainsi son entrée dans les engrenages compliqués de la vieille et lente machine parlementaire. De nombreux rapports ont été faits, du 20 décembre 1890 au 27 décembre 1895, date de la loi. Une note que j'ai sous les yeux contient l'énumération de tous ces documents parlementaires, émanés du Ministère, de la Chambre ou du Sénat, renvoyés maintes fois par l'une des branches du Parlement à l'autre, ce qui fait toujours penser à la situation d'un voyageur qui élirait domicile, à titre permanent, dans l'un des omnibus desservant la ligne *Madeleine-Bastille,* ou la ligne *Palais Bourbon-Luxembourg,* et resterait ainsi toujours en route, comme un nouveau Juif-errant. Cinq années ont été employées à l'étude du projet de loi qui nous occupe. Malgré les défauts de la loi enfin votée, je constate que son volumineux dossier contient des travaux très intéressants, de sérieuses dissertations, des discussions savantes, mais il m'est tout à fait impossible de les analyser ici. Je joindrai, comme annexe à mon rapport, la liste bibliographique que je viens de citer.

On trouve dans les travaux parlementaires relatifs à ce projet de loi beaucoup de conceptions diverses, les unes bonnes, les autres mauvaises. Il s'est dépensé là beaucoup de science juridique, notamment dans le rapport remarquable de M. le sénateur Thézard, mais, en même temps, on avait un peu l'intention de contenter tout le monde, et le Parlement se composant d'éléments très variés

---

[1] *Gazette des tribunaux* du 5 mars 1892.

et même hétérogènes, la tâche difficile entreprise dans ce but a produit certaines hésitations, suivies d'obscurités, et même de contradictions. Je prends un exemple. M. le sénateur Cuvinot, qui présidait la Commission du Sénat, et M. Thézard, rapporteur, avaient une idée que je trouve bonne en elle-même; ils pensaient qu'un chef d'industrie ne doit faire aucune promesse formelle et ne prendre aucun engagement précis envers son personnel, sans être sûr de pouvoir tenir cet engagement. Veuillez remarquer que je ne parle ici que de promesses positives et précises, ayant le caractère d'une clause du contrat de travail. S'il s'agissait, au contraire, de libéralités, de secours, de gratifications, de mesures de pure bienveillance prises à titre gracieux, l'observation que je fais serait sans portée. Je fais allusion, je le répète, à de véritables conventions fermes et explicites. MM. Cuvinot et Thézard se plaçaient aussi à ce point de vue. C'est le cas où le patron dit à l'ouvrier : « Je vous donne un salaire de tel chiffre par jour ou par mois, et je vous promets qu'en outre vous aurez, dans vos vieux jours, après avoir rempli des conditions stipulées d'âge et de services, une pension viagère de telle somme ». Ces messieurs disaient avec raison que faire une pareille promesse sans donner aucune garantie, c'est s'exposer à des reproches de la plus haute gravité; que le meilleur système à adopter, quand on veut assurer une pension viagère à un ouvrier, c'est de lui donner un livret de la Caisse nationale des retraites de la vieillesse, parce qu'alors, cet homme, s'il vient à quitter la maison où il travaille, s'en va, porteur de son livret, dans une autre où le nouveau patron nourrira ce livret; l'ouvrier, à défaut du patron, paiera lui-même les primes annuelles et arrivera ainsi à la fin de sa carrière, à peu près certain de jouir d'une retraite servie par l'État. Si, au contraire, il s'agit d'une promesse en l'air faite par le patron, d'une caisse patronale locale isolée, mal organisée, mal dotée, dont l'avoir plus ou moins fictif se confond avec les biens personnels du patron et que, plus tard, dans ces circonstances précaires, celui-ci, soit par caprice, soit par un motif quelconque, congédie l'ouvrier, ou qu'un malheur industriel arrive, l'ouvrier est frustré. Voilà une opinion, certainement fort juste, en elle-même, tendant à souhaiter qu'un gage accompagne toute promesse.

Mais si, partant de là, on prétend, pour atteindre ce but, employer des mesures radicales et violentes, on se trompe absolument.

A côté de l'idée sage vient alors se placer une entreprise dan-

gereuse et chimérique. Quoi! alors qu'un patron, plein de confiance dans l'avenir de sa maison, et dans sa propre solvabilité,
aura constitué généreusement, librement et de très bonne foi, pour
le personnel de sa maison, une caisse particulière de retraites, on
viendrait, de par la loi, le prendre au collet pour le contraindre à
donner un gage, et quel gage! S'il a dans ses ateliers ou ses bu-
reaux deux cents personnes pouvant avoir plus tard des droits à
pension, il lui faudra verser immédiatement à la Caisse des dépôts
et consignations le capital nécessaire pour garantir, d'après les
calculs et les formules mathématiques des actuaires, le paiement
intégral de ces deux cents pensions aux époques, plus ou moins éloi-
gnées, où elles pourront être exigibles! mais il faut alors qu'il
prenne des centaines de mille francs dans son fonds de roulement
et dans son actif social! Voilà une industrie arrêtée, paralysée,
voilà un honorable industriel frappé de consternation, et maudis-
sant le jour où il a voulu faire le bien! C'est ainsi qu'une idée
bonne en elle-même peut dégénérer en calamité publique. L'enfer
n'est-il pas, dans presque toute son étendue, pavé de bonnes
intentions?

Une autre conception, absolument mauvaise, celle-là, avait surgi
dans l'esprit de quelques députés. MM. Ferroul et Dumay, et plusieurs de leurs collègues socialistes ne se bornaient pas à approuver,
pour l'avenir, ces mesures sévères de gage intégral et obligatoire;
ils jugeaient convenable de remonter le cours du temps, de faire
irruption dans le passé, c'est-à-dire de s'occuper des caisses exis-
tantes pour les soumettre au joug d'une rétroactivité que ces messieurs trouvent légitime. C'est là un procédé quelque peu révolu-
tionnaire! On n'efface pas ainsi de notre Code et de la constitution
même de notre société, le principe sauveur de la non-rétroactivité
des lois, d'autant plus qu'il s'agissait ici de faire peser sur toute
l'industrie française, la menace d'enlever de l'actif social de tous
les établissements dotés d'institutions patronales de retraite la
somme nécessaire à la garantie des pensions futures! Cette idée de
rétroactivité a été repoussée avec raison, mais vous allez voir dans
quel embarras se trouvaient les rédacteurs de la loi!

M. Guieysse, rapporteur, avait à parler à la Chambre, dans sa
séance du 2 mars 1891 [1], d'un article qui portait alors le numéro 5
et qui consacrait le principe du versement dans une caisse publique

---

(1) *Journal officiel* du 3 mars 1891. *Chambre*, p. 483.

du capital destiné à garantir les pensions. Il s'exprime ainsi : « L'article 5 est un article excessivement dangereux. La Commission l'a accepté par grand esprit de conciliation pour tâcher de réunir en faveur d'une loi d'intérêt social le plus grand nombre de voix possible de tous les côtés de la Chambre, sans préoccupations politiques ».

Eh bien, ce système de conciliation n'est pas sans périls. Quand on veut contenter tout le monde et son père, on entreprend une tâche impossible.

M. le rapporteur Guieysse continue ainsi : « La grande préoccupation de la Commission a été de ne pas toucher aux règlements intérieurs des caisses de prévoyance et de retraites, de quelque nature qu'elles fussent ». — C'est fort bien ! — « Elle a pensé que son ingérence dans l'examen des conditions de fonctionnement était actuellement dangereuse et pourrait provoquer la liquidation d'un grand nombre de ces caisses ». — On ne saurait mieux dire ! — « L'article qui établit que l'industriel devra verser des sommes ou des valeurs représentatives sera peut-être déjà, par lui-même l'occasion de la disparition d'un certain nombre de ces caisses ». — C'est un sincère aveu !

Eh bien, ce langage fait penser aux hommes politiques qui votent avec tristesse et résignation, « la mort dans l'âme », une résolution qu'ils trouvent mauvaise. Quand on n'est pas en présence des brutalités de la force majeure, voter ou faire quelque chose « la mort dans l'âme » ! est presque toujours une faute.

Mauvaise impression produite par l'apparition de la loi.

Enfin, après les nombreux va-et-vient parlementaires dont j'ai parlé, la loi parut un matin à l'*Officiel,* le 29 décembre 1895, alors que presque tout le monde l'avait oubliée.

Semblable à un bolide qui éclate, elle provoqua tout de suite un mouvement de panique. Au milieu des nuages épais accumulés par des vices de rédaction autour des principaux articles de la loi, on croyait apercevoir d'inquiétantes lueurs d'orage et entendre de lointains roulements de tonnerre. Il n'y a là rien d'étonnant. En présence d'un enchevêtrement redoutable de dispositions compliquées statuant sur des matières juridiques difficiles à comprendre, il était permis aux patrons, qui ne sont pas tous docteurs en droit, d'avoir des inquiétudes. Ils se voyaient déjà mis en demeure de faire d'énormes dépôts de fonds, de subir d'indiscrètes investigations administratives. Le premier mouvement, chez beaucoup d'entre eux, a été de tout détruire de fond en comble plutôt que de supporter un tel régime; ils voulaient supprimer purement et simplement leurs institutions patronales, n'admettant pas qu'un homme ou un établissement dont la solvabilité est connue de tous, dont, en affaires, la signature vaut de l'or, soit mis ainsi en suspicion par la loi et contraint de verser, pour une bonne œuvre tout à fait volontaire de sa part, un cautionnement dans une caisse publique. Nous avions voulu, disaient ces patrons, entrer dans la voie des institutions libérales, nous avions profité des leçons données en 1889 par la Section xiv du Groupe de l'économie sociale; eh bien! nous ferons machine en arrière; nous reviendrons à l'ancien temps où le patron généreux, le bon tyran donnait des gratifications à ceux dont il était content, des secours à ceux dont il avait pitié, ou de simples étrennes de jour à l'an à tout le monde. Si le simple fait d'être entrés, pleins de bon vouloir, malgré les difficultés du temps présent, dans la voie des institutions patronales contractuelles fondées sur le développement progressif et l'amélioration du contrat de travail, doit nous conduire à une intervention de l'État, à l'ingérence de contrôleurs et d'inspecteurs dans nos affaires, à une dépossession financière et à un régime inquisitorial, démolissons, brisons, brûlons tout ce que nous avons fait jusqu'ici! Déchirons ces statuts et ces règlements dont nous étions aussi contents que nos ouvriers eux-mêmes! Jetons un voile sur nos grands prix et nos médailles d'économie sociale de l'exposition de 1889 et allons nous confondre désormais dans la foule des patrons qui n'avaient jamais rien voulu faire et qui, triomphant de notre déception, vont à présent se moquer de nous!

Tel est l'état d'esprit où un grand nombre, et des meilleurs, étaient arrivés. Ce mouvement, assez naturel, d'indignation et de colère était en même temps un vrai danger politique et social. Ceux qui parlaient ainsi se trompaient sur la portée de la loi, comme on le verra tout à l'heure, mais, s'ils avaient eu raison, n'aurait-il pas été déplorable de voir la République contrecarrer, arrêter, anéantir, un admirable mouvement de progrès social, démocratique au plus haut degré, qui tend à réaliser, dans la mesure du possible, l'émancipation légitime des travailleurs, alors qu'autour de nous tant de politiciens, à Paris et dans tous les départements, font, vous le savez, de la démocratie à rebours, c'est-à-dire dans des

conditions désastreuses qui amènent le mal au lieu du bien et
nuisent aux ouvriers au lieu de les servir! Il eût donc été déplorable qu'une loi faite avec d'excellentes intentions produisît de
tels résultats.

Il est facile d'apprécier la différence qui existe entre les effets
d'un règlement en vertu duquel chaque employé peut compter,
après 30 ans de service et 60 ans d'âge, sur la possession tranquille
et sûre d'une pension de retraite, et ce triste système de secours
annuels renouvelables après enquête, où rien n'est assuré, où de
bons services peuvent être capricieusement méconnus, où l'a-
vènement d'un esprit d'économie à outrance peut menacer tout le
monde, et où, dès lors, telle ou telle allocation pourrait être réduite
à moitié parce que le retraité aurait trouvé ailleurs un peu de
travail, ou même supprimée si l'on apprend qu'il a hérité d'une
vieille tante! Je dois confesser que nous-mêmes, à la Société de
participation, nous avons été inquiets, lors de l'apparition de
cette loi, d'autant plus que notre conscience était troublée. C'est
nous, en effet, qui avions pris l'initiative, qui avions sollicité une
loi avec persévérance, ardeur et conviction. Nous avions demandé
des audiences aux ministres, nous avions eu recours au *Petit
Journal* pour le prier de se faire le défenseur des « retraités en
danger », nous avions insisté particulièrement auprès de M. Jules
Roche, alors ministre du commerce, notre projet de loi facultatif et
libéral à la main, et M. Jules Roche nous avait écoutés. En voyant
paraître le texte promulgué nous avons donc été tentés de nous
frapper la poitrine en disant : c'est notre faute, notre très grande
faute! Nous avions conçu l'idée d'un projet de loi aussi beau
qu'irréprochable. Il était né comparable à un chérubin blanc et
rose qui nous souriait, mais il a fallu nous séparer de lui pour
l'abandonner aux soins des deux Chambres. Horreur! il a été
changé en nourrice! Ce n'est pas le même enfant : au lieu d'un
chérubin nous avions devant nous un petit diable noir et sinistre
qui faisait peur à tout le monde.

L'émotion a été grande partout; elle s'est manifestée à Lille,
avec intensité, dans la Chambre de commerce de cette ville.

Tout ceci fait penser à la célèbre fable intitulée « L'*Ours et l'A-
mateur des jardins* ». L'ours, qu'il soit rouge, blanc ou noir, c'est
l'État; l'autre personnage, c'est vous, c'est moi, c'est ce grand
public dont chaque unité voudrait bien cultiver en paix et en liberté
la plate-bande sur laquelle, hélas, il aperçoit à chaque instant

l'empreinte d'une lourde patte! Des milliers d'institutions patronales existaient en France, prospères et tranquilles. Surviennent
deux événements malheureux, les accidents de Bessèges et du
Comptoir d'escompte : ce sont des cas isolés, mais on leur donne
aussitôt une telle influence qu'on va tout compromettre à cette
occasion. L'Ours va casser la tête à l'homme pour écraser la
mouche. L'État va prendre de telles mesures et s'armer d'un si
formidable pavé qu'il tuera peut-être toutes les institutions parce
que deux d'entr'elles ont été blessées' par hasard (*Applaudissements*).

J'ai hâte de dire que l'étude approfondie de la loi atténue con-
sidérablement les craintes qu'une première lecture très rapide avait
fait concevoir. La cause véritable de l'effet produit par cette loi
vient surtout de sa mauvaise rédaction.

Études et recherches relatives au sens et à la portée de la loi.

Même dans une république, il y a encore des reines. Ce sont
les lois. Elles tiennent le sceptre. Belles ou laides, elles ont droit
au respect et il faut s'incliner quand elles passent. Celle qui nous
occupe et l'étude que j'entreprends à son sujet me font penser au
dialogue du roi Dagobert et de saint Éloi. Je salue la loi du 27
décembre 1895, je plie le genou devant elle, je lui baise la main,
mais je lui dis sincèrement : Votre Majesté est mal rédigée.

Je vais m'efforcer de déterminer devant vous le sens et la portée
de ce monument législatif.

Restitution en cas de faillite. Privilège limité. -

Je laisserai de côté, pour n'être pas trop long, malgré leur importance et leur intérêt, les détails spéciaux et techniques, d'ordre
juridique ou administratif, contenus dans les articles 1 et 4 de la
loi tels que les mesures relatives aux cas de faillite, liquidation
judiciaire, déconfiture, fermeture ou cession de l'établissement et
la création, pour ces divers cas, d'un privilège limité sur tous les
biens meubles et immeubles du patron. Je laisserai aussi de côté les
questions délicates et complexes qui sont renvoyées par l'article 6
de la loi à un règlement d'administration publique, notamment ce
qui concerne la liquidation des droits acquis et des droits éventuels. Je crois devoir néanmoins préciser l'objet de l'article 1er

de la loi qui pourvoit aux cas dans lesquels un malheur industriel se produit et menace des retenues et des subventions encaissées avant la loi ou depuis sa promulgation, sans qu'il y ait eu versement à une caisse de dépôts.

D'après cet article, en cas de faillite, de liquidation judiciaire, de déconfiture, de fermeture de l'établissement ou de cession volontaire faite sans que le cessionnaire consente à prendre la place du cédant, lorsque pour une institution de prévoyance, il aura été opéré des retenues sur les salaires, ou que des versements auront été reçus par le chef de l'entreprise ou que lui-même se sera engagé à fournir des sommes déterminées, les ouvriers et employés bénéficiaires sont admis à réclamer de plein droit la restitution, avec intérêts, de toutes les sommes non utilisées conformément aux statuts.

Aux termes du paragraphe 2 de l'article 4, cette restitution est garantie, pour la dernière année et ce qui sera dû pour l'année courante, par un privilège sur tous les biens meubles et immeubles du chef de l'entreprise. Ce privilège prendra rang concurremment avec le privilège des salaires des gens de service établi par l'article 2101 du Code civil.

Le législateur n'a pas cru pouvoir créer un privilège plus étendu portant sur la masse totale des retenues et des subventions encaissées. Sauf pour les versements de deux années au maximum, le personnel n'est dès lors qu'un simple créancier collectif de la restitution qui viendra au marc le franc, en cas de faillite, avec les autres créanciers du patron. Le rapport au Sénat de M. Thézard, en date du 9 février 1893, l'expose très clairement : « il y a là, dit-il, une créance acquise par les ouvriers, et si nous renonçons à regret à la munir d'un privilège, tout au moins devons-nous vouloir qu'elle soit reconnue sans difficulté [1] ».

Ceci dit, je vais me borner à mettre en relief les caractères principaux de la loi.

Limites imposées à l'intervention de l'autorité administrative.

Je constate d'abord et avec plaisir que la loi ne donne à l'administration qu'un rôle strictement limité. Le ministère du commerce a pour seule mission, d'après la loi, de préparer et de soumettre au

---

(1) Page 62.

Conseil d'État un règlement d'administration publique qui doit porter sur trois ou quatre questions déterminées et de saisir le même Conseil des demandes relatives à l'institution des caisses patronales et syndicales dont je dirai un mot tout à l'heure. Nous ne verrons donc pas naître ici une phalange d'inspecteurs spéciaux, une nouvelle catégorie de fonctionnaires chargés de surveiller l'exécution de la loi dans les usines. L'inspection des finances n'interviendra, d'après l'article 3, que pour vérifier la gestion des caisses qu'autorisera le Conseil d'État sur la demande des intéressés eux-mêmes.

Absence de toute sanction pénale.

La loi du 27 décembre 1895 n'est pas de celles qui contiennent un petit Code pénal spécialement édicté pour l'objet qui leur est propre. Malgré son apparence rébarbative elle a le mérite de s'abstenir de créer et de punir de nouveaux crimes ou délits. Il faut lui en savoir gré.

La loi n'est qu'un ensemble de règles de droit civil.

La loi constitue un ensemble de règles de droit civil qui se rattachent au contrat de travail et aux rapports des patrons et des ouvriers, en ce qui touche cette partie de la rémunération du travail représentée par l'espoir d'obtenir une retraite, c'est-à-dire l'un des principaux avantages offerts par les institutions de prévoyance. La loi reste ainsi dans le domaine des conventions privées en y ajoutant certaines dispositions d'ordre public. La seule sanction existante dans ce cas, serait celle des décisions des tribunaux, si une contestation était soulevée par les ouvriers contre le patron pour inexécution de la loi. Il convient de remarquer ici que la loi de 1895 concerne exclusivement les relations civiles entre le patronat et les ouvriers. Elle ne s'étend ni aux Sociétés de secours mutuels qui servent des retraites à leurs membres, ni aux caisses de retraites spéciales que peuvent créer les Syndicats professionnels constitués en vertu de la loi du 21 mars 1884.

Pas d'effet rétroactif.

« *La loi,* dit l'article 2 du Code civil, *ne dispose que pour l'avenir; elle n'a point d'effet rétroactif* ».

La loi du 27 décembre 1895, dans les articles que j'examine, respecte ce principe fondamental. Au premier paragraphe de son article 3 elle dit : « Toutes les sommes qui, *à l'avenir*, seront retenues... ». Dans le paragraphe 5 du même article, elle impose des règles : « si des conventions interviennent ». C'est encore l'avenir. Contrairement au vœu téméraire des députés socialistes Dumay et Ferroul, la loi ne vient donc pas bouleverser le *statu quo* et toucher au passé qui doit rester inviolable. On verra plus loin que, d'après notre interprétation de la loi, un patron qui établirait, même postérieurement à la loi, un système de retraites viagères pour son personnel sans exiger aucune retenue, sans s'engager lui-même à verser une subvention régulière, et qui se bornerait à allouer, suivant les circonstances, sans époques fixées d'avance, des sommes plus ou moins élevées mises en réserve dans ce but, resterait en dehors de l'application obligatoire de la loi. Si, au contraire, un patron avait fondé, avant la loi, une caisse de retraites d'une autre espèce, avec retenues et subventions contractuelles, les sommes provenant de cette origine, *perçues avant la loi*, se trouveraient, elles aussi, hors de son action, mais ce serait par un seul motif, tout différent, celui de la non-rétroactivité, et, dès lors, pour cette même caisse, retenues et subventions, à partir de la promulgation de la loi, tomberaient sous le coup de ses injonctions.

A quoi peut donc s'appliquer l'injonction formelle contenue dans les paragraphes 1 et 5 de l'article 3 de la loi ?

Injonction formelle limitée aux retraites viagères contractuelles comportant des retenues ou des subventions promises.

J'ai dit, en commençant, qu'il y a quelque part dans la loi, à côté d'articles facultatifs, une prescription obligatoire et formelle. Où est cette injonction ?

Je la découvre dans l'article 3, aux paragraphes 1 et 5. Elle est impérative dans ses termes, mais non coercitive au point de vue pénal, comme je l'ai dit plus haut.

Il résulte pour moi du texte même de l'article et des travaux préparatoires de la loi que cette injonction s'applique exclusivement aux pensions viagères de retraite lorsque le service de ces pensions est assuré par des ressources spécialement indiquées. Voici ce que dit le paragraphe 1er de l'article 3 :

« Dans les trois mois qui suivront la promulgation de la présente loi, toutes les sommes qui, *à l'avenir,* seront retenues sur les salaires des ouvriers et toutes celles que les chefs d'entreprise auront reçues ou se seront engagés à fournir en vue d'assurer des retraites » — (remarquez bien ces mots : « *d'assurer des retraites* », il ne s'agit pas d'autre chose) — « devront être versées, soit à la Caisse nationale des retraites pour la vieillesse, au compte individuel de chaque ayant-droit, soit à la Caisse des dépôts et consignations, soit à des caisses syndicales ou patronales spécialement autorisées à cet effet ».

J'ai lu le texte de l'article. Voyons maintenant ses origines.

Le savant rapport présenté au Sénat, le 9 février 1893, par M. Thézard, est le document principal, fondamental du dossier parlementaire de la loi. Ce rapport (page 65), s'exprime ainsi :

« L'obligation de verser à une caisse différente de celle du chef d'entreprise, et offrant toute garantie, les sommes destinées à assurer les retraites, tel est le principe, tel est en même temps le moyen pratique qui s'impose.

« Cette obligation, toutefois, la Chambre des députés l'a restreinte et nous la restreignons avec elle aux fonds destinés aux *caisses de retraite* proprement dites.

« Pour les autres institutions de prévoyance, telles que caisses de secours en cas d'accident ou de maladie, une telle garantie est moins nécessaire. Elles n'exigent chaque année que des sommes peu importantes qui peuvent, presque toujours, être prélevées sur l'actif général et sans difficulté; la pratique des assurances, qui entre de plus en plus dans les mœurs, y pourvoit le plus souvent. Il était donc inutile d'astreindre de ce chef les patrons à faire des versements spéciaux ».

Et plus loin (page 67) :

« ... Le versement sera obligatoire lorsqu'il s'agira des fonds de retraite; il sera facultatif en ce qui concerne les caisses de secours et autres institutions de prévoyance ».

M. Guieysse, dans son rapport du 13 juin 1895 à la Chambre des députés, dit à son tour expressément :

« Ce dépôt, facultatif pour les caisses de prévoyance en général, en ce qui concerne le passé, est obligatoire pour l'avenir (article 3) pour tout ce qui touche aux retraites ».

Je crois donc être dans le vrai en disant que les pensions viagères seules sont visées. Une somme, créée par la capitalisation à intérêts composés des produits de la participation, n'est pas une retraite; il pourra être bon, sans doute, d'isoler ce capital, à titre facultatif, comme le désirait M. de Courcy, mais la loi n'ordonne pas de le verser dans une caisse publique. Un autre capital, constitué par l'assurance mixte ou à terme fixe, représente, comme le premier, la création d'un patrimoine, mais c'est alors une Compagnie d'assurance sur la vie, autorisée par le gouvernement, qui en est débitrice. Nous sommes là dans un tout autre ordre d'idées. L'objectif de la loi, c'est la pension de retraite viagère qu'elle veut protéger, si l'une des trois conditions suivantes est réalisée, savoir : 1° s'il est fait des retenues sur les salaires; 2° si le patron a reçu des sommes d'un tiers avec cette destination; 3° s'il s'est engagé lui-même à fournir des subventions.

Hors de là, pas d'obligation légale quelconque. Je viens de parler de l'injonction contenue dans le premier paragraphe de l'article 3. Il y en a une autre dans le paragraphe 5 du même article qui est ainsi conçu :

« Si des conventions spéciales interviennent entre les chefs d'entreprise et les ouvriers ou employés, en vue d'assurer à ceux-ci, à leurs veuves ou à leurs enfants, soit un supplément de rente viagère,... etc. ». — On est tout étonné de trouver ce mot de *rente viagère* dans l'article 5 de la loi, alors qu'il n'a pas été prononcé dans les premiers articles, — « soit des rentes temporaires ou des indemnités déterminées d'avance. Le capital formant la garantie des engagements, résultant desdites conventions devra être versé ou représenté à la Caisse des dépôts et consignations, ou dans une des caisses syndicales ou patronales ci-dessus prévues ».

Ce paragraphe, inséré dans la loi du 27 décembre 1895, se trouve textuellement dans l'article 5 de la loi du 29 juin 1894 sur les caisses de retraites des ouvriers mineurs. Il est dit dans l'article 2 de cette loi du 29 juin 1894, que l'exploitant versera, chaque mois, une somme égale à 4 p. 0/0 des salaires, dont moitié à prélever sur les salaires et moitié à la charge de l'exploitant.

L'article ajoute que les versements pourront être augmentés par l'accord des deux parties intéressées.

Le produit de ces versements sera employé presque toujours en un livret de rente viagère de la Caisse des retraites pour la vieillesse. Puis, ces retraites-là devant être de peu d'importance, peut-être 150 fr., 200 fr., on prévoit le cas où le patron, voulant faire mieux, promettrait un supplément de 50 ou de 100 autres francs par an, à titre de rente viagère additionnelle. Allant au-devant de cette éventualité, la loi de 1894 n'a pas voulu admettre une promesse en l'air : il faut que le patron donne un gage; il faut qu'il verse une certaine somme à titre de garantie. Le premier paragraphe de l'article 5 de la loi du 29 juin 1894 l'ordonne. Il soulève, vous le voyez, une question bien grave, celle de ces versements obligatoires, de ces prélèvements sur l'actif du patron qui peuvent, dans d'autres industries que celle des mines, devenir une charge énorme, une entrave inacceptable. Il est donc très intéressant de savoir comment, en fait, la loi de 1894 s'est exécutée.

Y a-t-il quelque part un commentaire de cet effrayant paragraphe? Oui, on le trouve dans une circulaire de M. Louis Barthou, ministre des travaux publics, en date du 30 juin 1894.

Ce commentaire est tout à fait anodin !

La circulaire dit que l'obligation de verser un capital ne s'applique pas aux augmentations du livret de rente viagère résultant de ce que l'exploitant et les ouvriers auraient volontairement dépassé le minimum de 4 p. 0/0 prescrit par l'article 2 : « C'est le propre du système du livret individuel d'emporter d'une façon continue sa garantie par son seul jeu ». Le ministre ajoute que l'obligation de verser un capital représentatif ne s'imposerait pas non plus aux libéralités, sous quelque forme qu'elles fussent accordées, qui n'auraient qu'un caractère purement occasionnel : « L'article ne s'applique, comme son texte le porte explicitement, que s'il y a « *convention* », c'est-à-dire engagement permanent résultant d'un règlement qui forme une sorte de complément du contrat de travail ».

Cette lecture rassurante provoque un soupir de soulagement.

Voilà donc à quoi se réduit, dans la pensée du ministère des travaux publics, l'article 5 de la loi du 29 juin 1894, sur les caisses de retraites des mineurs. Le paragraphe 5 de l'article 3 de la loi du 27 décembre 1895 étant la reproduction de celui-ci, le ministère du commerce et de l'industrie, s'il était consulté, répondrait, sans doute, dans le même sens que le ministère des travaux publics. Inséré tel quel dans la loi de 1895, où il semblait ne se rattacher à rien, ce paragraphe a fait travailler beaucoup de cervelles. Pour ma part, je désespérais d'en trouver la raison d'être, lorsque, par une miraculeuse intuition, l'idée m'est venue de consulter la loi de 1894, et j'ai trouvé le mot de l'énigme! Munis de ciseaux et de colle, les auteurs de la loi de 1895 avaient fait un emprunt à la loi de 1894 en oubliant les raccords nécessaires. C'est l'un des motifs qui me permettaient de dire tout à l'heure, sans irrévérence, que la loi de 1895 n'est pas très bien rédigée.

Consultée par M. le ministre du commerce et de l'industrie sur l'application de la loi du 27 décembre 1895, la Chambre de commerce de Paris a cru devoir donner son avis en termes formels sur le paragraphe 5 et dernier de l'article 3. Voici ce que dit à cet égard le rapport de M. Soufflot, approuvé par cette Chambre, envoyé au ministre et publié dans un bulletin de la Chambre de commerce appelé « *Renseignements commerciaux.* » (Numéro du 7 mars 1896, page 147) :

« Le règlement d'administration publique n'aura pas à s'occuper de l'application du dernier paragraphe de l'article 3, car les obligations qu'il impose supprimeront certainement la nature des libéralités qui s'y trouve spécialement visées. En effet, aucune Société ou Compagnie, aucune industrie privée ne voudra ni ne pourra s'exposer à débourser des sommes d'une importance telle qu'il en résulterait une entrave pour ses opérations commerciales, et peut-être une atteinte à son crédit, en raison de la publicité du décret rendu pour toute autorisation accordée ». — (Il s'agit de l'autorisation nécessaire pour la création des caisses patronales et syndicales instituées par la loi).

J'ai à peine besoin de rappeler encore que ce paragraphe 5 et dernier de l'article 3 de la loi de 1895 parle de conventions futures, car, s'il s'agissait de conventions antérieures, le principe de la non-rétroactivité permettrait au patron de dormir tranquille : pour que ce paragraphe s'appliquât à quelque chose de réel, il faudrait donc qu'un patron, par des conventions nouvelles postérieures à la loi, s'engageât, sans y être forcé, à payer un supplément de rentes viagères dans les conditions indiquées, et, par suite, à verser le capital représentatif formant la garantie des engagements résultant desdites conventions. Or, vous avez entendu l'observation fort sage de M. Soufflot, le rapporteur de la Chambre de commerce de Paris. Avec le sens pratique qui lui est propre et qui anime ses honorables collègues, il est bien convaincu que jamais aucun patron sensé, si bon que soit son cœur, n'ira se jeter ainsi dans la gueule du loup, en s'obligeant à prélever sur son fonds de roulement des sommes importantes, à se priver de l'argent qui lui est indispensable pour la marche de son industrie ou à détacher 200, 300, 400.000 francs, et peut-être davantage, de son fonds social pour aller les mettre sous clef, sous verrou, sous triple serrure, à la Caisse des dépôts et consignations avec des formalités infinies pour le retrait. Non ! Ce paragraphe qui, au premier abord, nous a tant émus, est un paragraphe mort-né. Il ne fera pas de mal, parce qu'on ne l'appliquera jamais.

Le droit de gage.

J'ai à vous dire maintenant un mot du droit de gage établi par l'article 4 de la loi.

Je trouve bonne et ingénieuse la disposition contenue dans l'article 4, probablement parce qu'elle émane de la Société de participation à laquelle ce mode de garantie a été suggéré par M. J. Farce, chef du contentieux de la Compagnie d'assurances l'*Union*. La Société de participation a porté à M. Jules Roche, alors ministre du commerce et de l'industrie, un texte qui, sauf quelques détails de rédaction, a passé dans la loi en ces termes :

« Article 4. Le seul fait du dépôt opéré, soit à la Caisse des dépôts et consignations, soit à toute autre caisse, des sommes ou valeurs affectées aux institutions de prévoyance, quelles qu'elles soient, confère aux bénéficiaires de ces institutions un droit de gage dans les termes de l'article 2073 du Code civil sur ces sommes et valeurs. Ce droit de gage s'exerce dans la mesure des droits acquis et des droits éventuels ».

Le rapport déjà cité de M. Thézard au Sénat, en date du 9 février 1893 (pages 67 et suivantes) dit que « la reconnaissance de ce droit de gage n'est pas seulement le meilleur moyen d'assurer aux ouvriers et employés la restitution des sommes qui leur étaient destinées; elle est aussi l'application la plus rationnelle de l'intention des parties ». Et plus loin : « Avec la Chambre des députés, nous admettrons donc ce droit de gage pour toutes les sommes déposées par le chef de l'entreprise, et non seulement pour celles dont le dépôt est obligatoire, mais même pour celles dont le dépôt est facultatif : c'est dire qu'il s'appliquera non seulement aux fonds des caisses de retraites, mais à ceux de toutes les institutions de prévoyance, quelles qu'elles soient ».

Ainsi voilà le patron et les ouvriers en présence. Le patron agit librement. Comme tous pourront le faire, si cela leur plaît, demain, quand le règlement d'administration publique, que je suppose d'avance bien fait, sera en vigueur. Ce patron veut protéger ses ouvriers contre les hasards de l'avenir. Il verse une somme quelconque, fixée par lui-même, ou déterminée par la situation et les circonstances, dans une caisse qui sera ou bien la Caisse des dépôts et consignations, ou bien l'une de ces caisses patronales ou syndicales dont il me reste à vous entretenir. Alors, grâce à l'article 4 de la loi nouvelle, le principe de l'article 2073 du Code civil, qui permet d'établir le droit de gage sur la chose déposée entre les mains d'un tiers, s'applique immédiatement. La caisse dépositaire joue le rôle de ce tiers. En cas de catastrophe, la somme ainsi versée, qui n'a pas cessé d'appartenir au patron, est frappée d'un droit de gage au profit des ouvriers, jusqu'à concurrence des droits acquis ou éventuels de ce personnel désormais protégé. Dans le cas que je viens de citer comme exemple, notre but, à nous, Société de participation, serait atteint. L'idée de M. de Courcy serait très bien réalisée.

Caractère facultatif de la plupart des autres dispositions de la loi.

Je tiens à faire un compliment à cette loi dont j'ai si vivement critiqué la rédaction. Elle vaut mieux que sa réputation.

Je résume tout ce que je viens d'exposer en disant qu'en réalité la partie impérative de la loi est bien restreinte : le paragraphe premier de l'article 3, qui exige pour l'avenir, le versement annuel des retenues et subventions affectées à des retraites viagères a seul une portée claire et appréciable; le paragraphe 5 et dernier, en apparence très menaçant, restera sans effet par l'excellente raison que personne n'ira mettre volontairement le doigt dans ce bizarre engrenage. Toutes les institutions de prévoyance, autres que les retraites viagères avec retenues et subventions contractuelles, sont libres. Toutes les assurances sur la vie, assurances en cas de décès, assurances mixtes ou à terme fixe, assurances de capitaux ou de rentes différées dont les primes annuelles sont prélevées sur les salaires, appointements ou participations, ou payées par le patron sur frais généraux, restent en dehors de la loi.

Dès lors, l'ensemble des dispositions de la loi sera plutôt conforme à nos désirs communs, à ceux de la Société de participation, aux vœux que M. de Courcy formulait il y a 20 ans, et aux démarches que nous avons faites, en 1883, 1884, 1885 et 1890.

C'est l'article 2 de la loi qui, sans nous contraindre, nous offre gracieusement la clef de cette caisse publique, toujours prête pour le retrait comme pour le dépôt, que nous avions jadis rêvée. En voici le texte :

Art. 2 . — «La Caisse des dépôts et consignations est autorisée à recevoir, à titre de dépôt, les sommes ou valeurs appartenant ou affectées aux institutions de prévoyance fondées en faveur des employés et ouvriers.

« Les sommes ainsi reçues porteront intérêt à un taux égal au taux d'intérêt du compte des caisses d'épargne ».

J'indique sans m'y arrêter, la difficulté résultant de ce que beaucoup de maisons bonifient aujourd'hui 4 p. 0/0 et même 5 p. 0/0 à leurs caisses privées, tandis qu'ici l'intérêt ne serait plus que de 3,25 p. 0/0.

Je veux uniquement insister sur ce point essentiel que l'article 2 ouvre la porte aux dépôts facultatifs. C'est là ce qui nous intéresse : en pleine liberté, chacun appréciant les besoins de sa maison et ses rapports avec le personnel, décidera s'il faut user ou ne pas user de cette faculté d'isoler de son actif social ou particulier les sommes ou valeurs qu'on peut considérer comme la dotation du personnel, qu'il s'agisse d'ouvriers ou d'employés. Encore une fois, le domaine de la contrainte est donc très restreint; celui de la liberté reste immense. Je crois que nous n'avons, à cet égard, qu'à nous déclarer satisfaits.

Constitution d'une Commission consultative.

Un décret du Président de la République, en date du 30 janvier 1896, a constitué, pour l'exécution de la loi du 27 décembre 1895, une « *Commission consultative des caisses syndicales et patronales de retraite, de secours et de prévoyance* ».

Cette Commission a deux attributions nettement déterminées.

D'une part, elle doit donner son avis, avant le renvoi au Conseil d'État, sur les demandes en autorisation de caisses syndicales ou patronales, prévues par l'article 3 de la loi, et fondées au profit des employés et ouvriers.

D'autre part, elle est chargée d'étudier le projet de règlement d'administration publique sur lequel doit délibérer ensuite le Conseil d'État, conformément à l'article 6 de la loi.

Cette Commission, dont la composition est réglée par le décret du 30 janvier 1896, et dont les membres ont été nommés par arrêté ministériel du même jour, offre aux intéressés les meilleures garanties par la sagesse et la compétence des hommes autorisés qui en font partie. Elle est présidée, en l'absence du ministre, par M. Nicolas, conseiller d'État, directeur du travail et de l'industrie, entouré de ses collaborateurs habituels, MM. Louis Bouquet, directeur du personnel et de l'enseignement technique, et Georges Breton, sous-directeur du travail et de l'industrie. La Commission a pour secrétaire, M. Georges Paulet, chef du bureau des caisses d'épargne, de retraites, des assurances et de la coopération. Les autres membres sont : MM. Thiboust qui représente la Caisse des dépôts et consignations; Houette, inspecteur des finances; Victor Legrand, juge au tribunal de commerce; un patron, M. Liébaut, constructeur mécanicien, et un ouvrier, M. Keüfer, typographe, membres tous deux du Conseil supérieur du travail. Enfin, la Commission renferme un actuaire, M. Léon Marie, dont les importants travaux sur la mutualité sont bien connus des personnes vouées aux études sociales. M. Émile Cheysson, que nous avons le plaisir de voir dans cette salle, qui est, lui aussi, un actuaire des plus éminents, dans plusieurs entretiens récents, examine de très près notre loi avec MM. Léon Marie, Albert Gigot, Édouard Gruner et moi-même, nous disait que la science mathématique des actuaires, véritables ingénieurs de la prévoyance, doit se mettre au service de la science sociale qui a besoin de leur concours. Ils veulent, en effet, par leurs utiles conseils, dissiper les folles illusions et préserver les petits capitaux de l'immense péril que leur font courir les fallacieux prospectus des gens trop ignorants ou trop habiles qui promettent monts et merveilles.

Cela dit, je vais en quelques mots, vous parler des caisses patronales et syndicales et du règlement d'administration publique confiés à cette Commission si bien composée.

Caisses patronales et syndicales.

L'article 3 de la loi du 27 décembre 1895 dit que des caisses syndicales ou patronales seront spécialement autorisées à l'effet de recevoir les dépôts.

« L'autorisation, dit le paragraphe 2 de cet article, sera donnée par décret rendu dans la forme des règlements d'administration publique » — c'est-à-dire le Conseil d'État entendu. — Le décret à intervenir fixera la circonscription, les conditions du fonctionnement de la caisse et son mode de liquidation.

Le paragraphe 3 du même article énumère les catégories de valeurs qui pourront être acquises pour l'emploi en titres nominatifs du fonds déposé. On trouve dans cette énumération l'indication générale de valeurs locales émanant d'établissements reconnus d'utilité publique. Il appartiendra au Conseil d'État d'apprécier et d'interpréter dans un sens large cette disposition. La loi parle aussi de prêts hypothécaires, ce qui pourra intéresser à un haut degré les Sociétés qui se fondent pour la construction d'habitations salubres et à bon marché.

Ces caisses patronales et syndicales seront, dans le fonctionnement général de la loi, un rouage fort intéressant. La loi se borne à en poser le principe et laisse au Conseil d'État le soin de statuer, d'une façon individuelle et spéciale, sur chacune des demandes qui lui seront transmises. Toutes les organisations adoptées ne sortiront pas d'un moule uniforme; le Conseil d'État aura à tenir compte des faits. On verra donc naître ainsi une série de nouvelles personnes civiles qui pourront très bien ne pas se ressembler et que le Conseil d'État devra, avec discernement, créer et constituer de toutes pièces. Il sera juge lui-même de la question de savoir s'il faut en autoriser peu ou beaucoup. On a déjà admis que les Compagnies de chemins de fer et d'autres grands établissements industriels seront bien qualifiés pour former au profit de leur très nombreux personnel une caisse patronale. On se demande, ce n'est pas encore décidé, si des maisons n'ayant que deux ou trois cents ouvriers ou employés pourront se mettre aussi sur les rangs. C'est un point douteux et quant à présent réservé. Toujours est-il que déjà deux demandes officielles ont été déposées.

La *Compagnie parisienne d'éclairage et de chauffage par le gaz,* dans le rapport qu'elle a présenté, le 26 mars dernier, à son assemblée générale, a donné l'information suivante :

« Institutions de prévoyance.

« Une loi nouvelle du 29 décembre 1895 a édicté des dispositions de diverses natures, au nombre desquelles se trouve, pour les Sociétés qui, comme la nôtre, ont créé et entretiennent des institutions de prévoyance au profit de leur personnel, la faculté de faire attribuer le caractère de caisses patronales aux caisses fondées pour assurer le fonctionnement de ces institutions. Nous avons adressé, à cet effet, une demande le 6 février, pour nos différentes caisses, et, dans l'intérêt de notre personnel, nous avons présenté, au sujet du règlement d'administration publique prévu par cette loi, des observations qui paraissent avoir été bien accueillies ».

Une demande analogue a été faite par M. Albert Gigot, au nom de la Société anonyme appelée « *Caisse patronale des retraites des ouvriers de la métallurgie* », dont le siège est 3, rue Scribe, dans le local du Comité des forges de France.

Règlement d'administration publique.

L'article 6 de la loi dit qu'un règlement d'administration publique déterminera : le mode de nomination d'un mandataire du personnel en cas de contestation; — les conditions du dépôt des sommes et valeurs; — les conditions du retrait; — le mode de liquidation des droits acquis et des droits éventuels; — enfin, le mode de restitution aux intéressés.

Un « *Projet de décret portant règlement d'administration publique pour l'exécution de la loi du 27 décembre 1895 sur les caisses de retraite, de secours et de prévoyance* », a été préparé par la Commission dont j'ai parlé tout à l'heure; il est en ce moment soumis aux délibérations du Conseil d'État. J'ai ce projet sous les yeux, mais il serait prématuré d'en analyser aujourd'hui les dispositions, même en se bornant aux grandes lignes. Mieux vaut attendre sa promulgation. Je dirai seulement qu'une des questions les plus intéressantes sera résolue par le titre premier intitulé : « Des conditions de dépôt et de retrait des sommes ou valeurs affectées aux institutions de prévoyance ».

C'est assurément là un point capital. Il est évident que, si les modes de versement et de retrait, surtout le mode de retrait, n'étaient pas organisés dans des conditions pratiques, on dirait bientôt que la Caisse des dépôts recevra volontiers l'offrande des sommes apportées mais se refermera sur elles comme un tombeau et qu'il faudrait bien des difficultés, bien des formalités pour faire lever la lourde pierre sous laquelle auraient été ensevelies sommes et valeurs.

A cette question se rattache celle de la désignation du mandataire, qui, au nom du personnel, donnera sa signature lorsqu'il y aura lieu de procéder à un dépôt ou à un retrait. Il est clair que, quand des fonds auront été ainsi déposés, on ne pourra pas permettre au patron de les retirer seul. Il faut naturellement qu'il soit assisté par une représentation quelconque du personnel de sa maison.

Écoutez encore, à ce sujet, un court passage du rapport de M. Soufflot, approuvé par la Chambre de commerce de Paris :

« D'après l'article de la loi, dit ce rapport, le règlement d'administration publique doit déterminer le mode de nomination du mandataire autorisé, aux termes de l'article 5, à représenter, en demandant ou en défendant, les employés ou ouvriers en cas de contestation avec les caisses de prévoyance. C'est là une question de procédure facile à établir; mais, pour les dépôts et retraits de fonds, il en est différemment. Il nous paraît indispensable, pour la bonne application de la loi, que le règlement d'administration publique respecte, sur ce point spécial, les règlements privés des caisses de prévoyance qui fonctionnent actuellement. Modifier ces règlements serait ouvrir toute grande la porte, déjà largement entre-bâillée, par le projet de loi même, à la liquidation anticipée d'un certain nombre de caisses de prévoyance, au grand détriment des participants, et sans aucun recours en cas de contestation, puisque le chef d'industrie pourrait invoquer les dispositions de la loi nouvelle pour justifier cette liquidation. Un tel résultat serait certainement contraire au sentiment qui a guidé les Pouvoirs publics dans la proposition de la loi ».

Séparation des responsabilités.

La Société de participation, Messieurs, qui a travaillé, — je le répète avec une certaine fierté, — à faire prévaloir l'ancienne idée de M. de Courcy et qui a obtenu ainsi la séparation légale possible des deux patrimoines, celui de la prévoyance et celui de l'industrie, entend, elle aussi, séparer son propre patrimoine de projets libéraux du patrimoine d'innovations dangereuses de certains législateurs autoritaires à l'excès, qui font de l'obligation à outrance sans bien mesurer les conséquences et la portée de leurs coups de massue.

Ceci doit être bien établi pour éviter toute confusion et toute récrimination mal fondée.

Syndicat des ouvriers blessés, invalides du travail, victimes de la faillite de la Compagnie de Terrenoire, groupe de Bessèges (Gard).

Maintenant, Messieurs, à la fin de cette longue étude, je crois devoir mettre sous vos yeux un document que le hasard a fait tomber récemment entre mes mains. Je vous ai parlé de Bessèges, mis en liquidation en 1888, et où les retenues de 6 p. 0/0 prélevées sur les salaires et appointements ont été englouties. Eh bien, voici une circulaire mi-partie imprimée et manuscrite, en date à Bessèges, du 29 février 1896. Elle émane d'un groupe qui s'appelle « Syndicat des ouvriers blessés, invalides du travail, victimes de la faillite de la Compagnie de Terrenoire, groupe de Bessèges ». Cette circulaire, qui s'adresse aux établissements industriels, s'exprime ainsi :

« Le **Syndicat des ouvriers blessés invalides du travail**, constitué en conformité de la loi du 21 mars 1884, composé actuellement de 125 membres tels que : anciens employés retraités ou ayant droit à la retraite, ouvriers blessés pensionnés, ouvriers ayant droit à la retraite renvoyés, veuves et orphelins d'ouvriers tués au chantier ou morts des suites d'accidents contractés dans les mines et usines de la Compagnie de **Terrenoire, Lavoulte et Bessèges**, se trouvent, par suite de la Faillite de ladite Compagnie, sans secours ou emploi qui leur était donné en compensation de leurs infirmités et ne peuvent, vu leur grand âge ou blessures, se procurer un travail pour les aider à sortir de l'affreuse misère dans laquelle ils sont plongés.

« En présence de leur triste situation, le Syndicat, réuni en Assemblée générale le 18 août 1893, a décidé (se conformant à la lettre ministérielle du 2 août 1893) d'organiser une souscription en sa faveur et de faire un appel à votre Société, tendant à obtenir sa souscription pour nous aider et contribuer au succès de notre œuvre digne d'intérêt.

« Nous osons espérer que votre Société voudra bien, par sa souscription, si modeste soit-elle, participer à soulager les infortunes de ce groupe d'honnêtes travailleurs, tombés mutilés, victimes de leur dévouement sur le champ du travail ».

A cette supplique est joint un état moitié imprimé, moitié manuscrit, lui aussi, contenant la liste des souscriptions reçues. Cette liste est intéressante. On y trouve d'abord une quantité considérable de Conseils municipaux de la Seine, du Gard et de beaucoup d'autres départements. Viennent ensuite 6 Conseils généraux, 12 archevêques, 32 évêques, 36 sénateurs, 41 députés, 36 trésoriers-payeurs généraux et beaucoup d'autres souscripteurs divers. Tous les partis se rencontrent là sur un terrain neutre de bienfaisance. Je cite au hasard les noms de MM. Silhol, président du conseil général du Gard, le marquis de l'Angle-Beaumanoir, Barthélemy Saint-Hilaire, Bernard Lavergne, Jules Simon, Clamageran, Magnin, Desmons, Le Royer, le comte de Mun, de Ramel, Mesureur, Marmottan, Goblet, Guieysse, Brisson et Casimir-Perier. A la fin de la liste, je remarque, écrite à la main, la souscription du Comptoir national d'escompte, de ce grand établissement financier dont les employés ont subi, eux aussi, une dure épreuve. Le Comptoir d'escompte a eu la bonne pensée de s'inscrire pour 50 francs afin de donner un témoignage de sympathie aux ouvriers de Bessèges.

Je crois qu'il serait digne de notre Société de s'inscrire sur la même liste. Si notre désir, exprimé en 1883, avait été exaucé plus tôt, si la loi que nous demandions avait été faite avant la catastrophe survenue en 1888, l'administration de Bessèges aurait peut-être, en sacrifiant tout le reste, sauvé les retenues de son personnel. Nos projets retardés n'ont pu servir utilement ces ouvriers au moment de la crise. Faisons aujourd'hui quelque chose pour eux!

Je propose à l'Assemblée de décider que la Société de participation s'inscrira pour 100 francs sur la liste de souscription ouverte en faveur des ouvriers blessés de Bessèges (*Vive approbation, applaudissements répétés*).

La proposition est adoptée par acclamation.

M. CHAIX, *président*. Après le remarquable exposé que nous venons si justement d'applaudir, je donnerai la parole à ceux d'entre vous qui auraient des observations à présenter et je fais en particulier un pressant appel à M. Cheysson, dont la haute compétence en ces matières est si généralement reconnue. (*Assentiment*).

OBSERVATIONS DE M. CHEYSSON.

M. CHEYSSON. J'étais venu ici pour écouter et je me laissais aller au plaisir d'être un auditeur attentif et charmé, quand je viens d'être brusquement mis en cause par l'aimable provocation de notre président M. Chaix. Je n'ose pas la décliner et je m'exécute sans plus de cérémonie, à vos risques et périls.

La fierté, dont M. Charles Robert se faisait tout à l'heure l'interprète pour la part que notre Société a prise à la paternité de la loi du 27 décembre 1895, n'était pas exempte de tristesse. Au lieu de ce « petit chérubin blanc et rose » qu'il avait rêvé, nous disait-il, la Chambre venait de mettre au monde un « petit diablotin » de mine assez peu rassurante. Même, avant qu'on ne pût savoir comment tournerait cet enfant et bien antérieurement à sa naissance, je n'en avais rien auguré de bon et je m'étais permis de rompre à ce sujet quelques lances avec M. de Courcy devant la société d'économie sociale, et avec M. Dubois devant le congrès des sociétés savantes. Je faisais déjà les plus expresses réserves sur cette extension des caisses d'État et sur l'aggravation qui en résulterait dans les embarras tenant au régime actuel de l'adduction forcée des épargnes populaires dans les coffres du Trésor.

Depuis lors, les modifications et additions qu'a subies le projet de loi primitif n'ont fait que donner plus de force à ces objections, et justifient *a priori* les inquiétudes des amis des institutions patronales. Après leur apogée, marquée par l'exposition d'économie sociale de 1889, ces institutions traversent une véritable crise et sont prises entre plusieurs feux, attaquées en même temps, à droite, par les libéraux ombrageux qui les trouvent attentatoires à la liberté et à la dignité des ouvriers, à gauche, par les socialistes qui les dénoncent comme une manœuvre bourgeoise pour désarmer par des concessions illusoires les justes revendications du prolétaire, et qui, au fond, ne leur pardonnent pas leur vertu d'apaisement social. Faut-il encore à ce double assaut joindre celui des lois ouvrières et avoir à compter avec les formalités tracassières, les suspicions officielles et les charges légales, quand la situation peu brillante de l'industrie rend déjà si onéreuse pour le patron la dotation des institutions de prévoyance, dont on a peine à se figurer exactement les lourdes exigences financières [1] !

---

[1] Voir dans le *Rapport sur l'Exposition d'économie sociale de 1889*, au nom du jury, par M. E. Cheysson, le chapitre intitulé : « *Les charges des institutions patronales* ».

Dans la première émotion qui a suivi le vote inopiné de la loi du 27 décembre 1895, des paroles de découragement ont été prononcées de divers côtés. « A l'heure, se sont écrié certains patrons, où nos intentions les plus sincères sont déjà exploitées contre nous, si, par surcroit, nos initiatives généreuses et bénévoles doivent nous exposer aux rigueurs de la loi et à l'inquisition administrative, à quoi bon nous obstiner dans cette voie où nous n'avons plus à récolter que des déboires? Le mieux est de liquider ces institutions, de fermer ces caisses et de nous réduire vis-à-vis de nos ouvriers au rôle réciproque d'acheteurs et de marchands de travail? Les Anglais suivent ce système et s'en trouvent bien : pourquoi ne pas les imiter? »

On a bien fait de se défier de ce premier mouvement, car c'était le mauvais. On commence à revenir de cette chaude alerte : on s'aperçoit que la loi est moins menaçante qu'on ne l'avait cru tout d'abord; l'administration, animée d'un libéralisme éclairé, est disposée à appliquer la loi, non seulement sans raideur, mais encore dans un sentiment de véritable sympathie pour les institutions en jeu; enfin, le règlement d'administration publique, qui n'a pas été publié jusqu'à présent, semble avoir été préparé dans le même esprit. M. Charles Robert a donc eu raison de réagir contre les inquiétudes qui se sont fait jour au lendemain de la loi et contre les résolutions précipitées et excessives qu'elles auraient pu suggérer.

Avant de prendre un parti, il faut se ressaisir, voir exactement ce qu'est la loi, ce que seront les textes appelés à la compléter et à l'interpréter, enfin quelle en sera l'application pratique dans le domaine des faits.

A nous en tenir à la loi elle-même, le seul de ces éléments qui soit aujourd'hui à notre disposition, on ne peut contester qu'elle ne procède d'une pensée juste et qu'elle n'ait cherché à répondre à des nécessités reconnues.

Les partisans même les plus déterminés des institutions patronales — et je suis du nombre — sont obligés de convenir que celles qui reposent sur des engagements à long terme sont d'un maniement très délicat et comportent des dangers, dont l'expérience a révélé toute la gravité.

A l'occasion d'un heureux événement de famille, d'une décoration, d'une médaille d'or, d'un bel inventaire, quelques patrons se sont laissé aller à promettre une retraite à ceux de leurs ouvriers qui rempliraient des conditions convenues d'âge et de service.

Impatients de rendre cette libéralité manifeste et tangible, ils se sont même ingéniés à pensionner d'avance et hors tour un vieil ouvrier, aux applaudissements du personnel. Mais, trop souvent, ils n'ont fait aucun calcul préalable, établi aucune prévision ; eux, qui sont si corrects et si sages dans la conduite de leurs affaires, ils ont imité sur ce point l'imprudence de ces commerçants aventureux, qui émettent des billets sans savoir comment ils les paieront plus tard. L'échéance est si lointaine! D'ici là, on aura le temps d'aviser. D'ailleurs, on a pris la précaution d'entourer ces promesses de restrictions multiples; on les a subordonnées, d'abord, à des appréciations aussi nuageuses que discrétionnaires; puis, à l'état des ressources disponibles. Rassuré par ces échappatoires et ces obscurités, on ne veut pas voir les embarras qu'on se prépare et les irritations qui feront explosion le jour où les candidats à la retraite s'apercevront qu'on ne leur a donné que des nuages au lieu de solides réalités. Même reculées, les échéances finissent par arriver : tout se liquide et tout se paie.

Ce n'est pas la seule faute commise : d'autres patrons y ont ajouté celle de noyer dans leur caisse les fonds de la prévoyance, en se bornant à les mentionner dans leurs écritures. Quelquefois même ils omettent de faire apparaître à leur passif les « réserves » des retraites ouvrières et les laissent à l'état d'engagement occulte, dont leurs créanciers et peut-être eux-mêmes ne soupçonnent pas l'importance.

Cette conduite entraîne deux dangers certains. D'abord, elle expose le patron aux soupçons du personnel : or, pas plus que la femme de César, il ne faut qu'il soit soupçonné. D'autre part, cette promiscuité des fonds de la prévoyance et des fonds de l'industrie est très périlleuse pour les premiers : tout est possible avec l'aléa des affaires. Les exemples de Terrenoire et du Comptoir d'escompte ne sont que trop tristement instructifs à cet égard et l'on comprend sans peine le douloureux retentissement qu'ils ont eu dans le pays.

C'est pour prévenir ces abus et conjurer ces dangers qu'a été votée la loi de 1895. Elle s'est proposé : d'abord, comme l'a si bien dit M. Charles Robert, de séparer légalement de l'actif social le patrimoine de la prévoyance et, dans ce but, d'ouvrir à ce patrimoine l'accès facultatif des caisses publiques (article 2) ; puis, de sauvegarder les fonds ouvriers en cas de déconfiture ou de faillite et de conférer à leurs bénéficiaires un privilège et un droit de gage (article 4); enfin de pousser les patrons dans la voie du *Livret individuel*, qui semble la meilleure solution du problème des retraites, et de soumettre à l'avenir les institutions de retraite à certaines conditions de versement et de contrôle destinées à en garantir la sécurité (article 3).

C'est précisément cet article 3 qui a excité les principales critiques et soulevé les inquiétudes les plus vives; mais, à regarder le texte de plus près, cette émotion paraît exagérée.

Le paragraphe 5 de l'article 3, le plus comminatoire s'il devait être d'une pratique courante, semble appelé à ne recevoir que des applications exceptionnelles. C'est une disposition mal venue, qui a été littéralement empruntée à la loi du 29 juin 1894 sur les retraites des ouvriers mineurs. Elle était parfaitement à sa place dans cette loi; mais elle s'explique moins dans celle de 1895, où elle restera sans doute à l'état de vaine menace.

Ce premier point écarté, il convient encore d'éliminer toutes les institutions patronales, qui n'auront pas précisément pour but « la constitution de retraites », et celles qui, bien qu'ayant ce but, ne retiennent rien à l'ouvrier et ne reçoivent aucun versement patronal régulier. Ainsi, pour échapper à l'article 3, il suffit que le patron s'abstienne de toute retenue sur le salaire et de tout engagement de verser des sommes destinées à la retraite, sauf à faire face à l'échéance comme il l'entendra. Pourvu que, du jour de la promesse à l'échéance, il n'y ait pas de sommes retenues ou réglementairement versées, la loi n'intervient pas. Il est curieux de constater que, inspirée par la préoccupation de s'opposer aux engagements téméraires, la loi ait laissé en dehors de ses atteintes, si même elle ne semble l'encourager, l'imprévoyance sous sa forme la plus inquiétante et la plus manifeste.

Le terrain ainsi déblayé, il ne reste sous le coup de la loi que les institutions de retraite basées sur des retenues ouvrières et des versements patronaux. Elle ne rétroagit pas, comme on vous l'a dit, sur les faits antérieurs à sa promulgation; mais elle atteint tous les faits postérieurs, même s'ils se rattachent à une institution existante. Par exemple, une caisse fonctionne depuis vingt ans : la loi ignore ce qui se sera passé avant le 27 mars 1896; mais elle s'applique à toutes les opérations survenues et à survenir depuis cette date, pourvu, encore une fois, qu'elles comportent des retenues ou des versements réglementaires.

Ces retenues et ces allocations contractuelles devront être, aux termes de la loi, versées dans une des quatre catégories de caisses énumérées au paragraphe 1 de l'article 3.

D'abord, la *Caisse nationale des retraites pour la vieillesse*. Cette caisse est bien connue; elle donne une sécurité parfaite, des tarifs réduits, et pratique le livret individuel. Cette solution est commode et c'est celle qui paraît la forme favorite de la loi. On sait qu'elle est appliquée avec succès par Anzin, le Creusot et la plupart des Compagnies de chemins de fer.

Ensuite, la *Caisse des dépôts et consignations*. Si elle offre la même sécurité que la Caisse des retraites, il n'en est pas ainsi pour la commodité. On sait bien comment on y entre, mais non comment on en sort. Les fonds déposés dans cette souricière sont le gage de tous les ayants-droit; si ce gage est insuffisant pour couvrir les promesses, un retrait, quelque minime qu'il soit, au profit d'un des bénéficiaires lèse les intérêts de tous les autres : il faut donc, pour l'opérer, leur assentiment unanime. C'est là en pratique une complication extrêmement gênante et dont la loi ne paraît pas s'être suffisamment préoccupée. Elle aurait pu, dans ce but, organiser une représentation des intéressés, comme elle l'a fait par son article 5 pour toutes les contestations en justice relatives à leurs droits. Il faut espérer que le règlement d'administration publique comblera cette lacune et rendra possibles ces opérations incessantes de retrait, qui font partie du ménage quotidien des institutions de prévoyance.

Il est bon de remarquer que la Caisse des dépôts et consignations est ouverte aux versements, sans les soumettre à aucun contrôle en vue de constater la péréquation des ressources et des charges. Les patrons peuvent promettre telle pension que bon leur semble et n'effectuer, en regard de cette promesse, que des versements insuffisants : nul n'y contredit et ces fonds vont solennellement s'accumuler dans la caisse publique, sous l'œil vigilant de ses préposés. Ils ne se dissiperont pas, il est vrai; mais, à l'échéance, les candidats, qui avaient cru à l'estampille de l'État, seront déçus et s'en prendront à lui. Tandis que, sur les quatre caisses ouvertes à la libre option des intéressés, il en est trois qui sont entourées des précautions les plus minutieuses et les plus tutélaires, non seulement pour la conservation des fonds, mais encore pour leur équilibre avec les engagements contractés, la Caisse des dépôts et consignations reste étrangère à cette seconde préoccupation et semble devoir se prêter passivement même aux combinaisons les plus aventureuses. C'est donc celle que pourraient être tentés de préférer les patrons peu pénétrés de l'esprit de « père de famille », c'est-à-dire plus soucieux de l'effet immédiat que de la prévoyance, du présent que de l'avenir.

Enfin, l'article 3 permet de verser les fonds des retraites aux *Caisses patronales* et aux *Caisses syndicales*, spécialement autorisées à cet effet.

Ce que seront ces caisses, il est difficile de le savoir dès à présent. Le règlement d'administration publique prévu à l'article 6 n'aura pas à nous l'apprendre, chacune de ces caisses devant faire l'objet d'un décret spécial[1]. Il est probable que les premiers décrets ainsi intervenus fixeront la jurisprudence et serviront de types pour les décisions subséquentes. On est donc réduit actuellement à des conjectures et à des vœux.

Il est probable que les *Caisses patronales* ne seront pas entendues dans le sens extensif donné usuellement à ce mot. Un petit entrepreneur, qui a fondé une institution de retraite pour ses 50 ouvriers, se targue aujourd'hui d'avoir « une caisse patronale ». Il ne pourra pas sans doute la conserver, si la caisse patronale, doit être désormais, non une simple banque de dépôts, mais, comme semble le vouloir la loi, une caisse de retraite au petit pied, pourvue de toutes les garanties nécessaires à sa vitalité et sa sécurité. Les retraites reposent, ainsi qu'on le sait, sur la loi des grands nombres : il serait donc très imprudent de les organiser sur un personnel restreint, à cause des écarts sur la mortalité qui pourraient mettre la caisse en péril. « Il est bien difficile, a dit M. Léon Marie, de fixer les limites au nombre des participants qu'une société doit posséder pour entreprendre avec une sécurité relative les opérations à long terme. Cependant nous croyons pouvoir affirmer que le chiffre de *mille* membres est un *extrême minimum* au-dessous duquel il serait imprudent de descendre[2] ».

Quant aux *Caisses syndicales*, j'espère qu'elles ne seront pas interprétées dans le sens restrictif de la loi du 21 mars 1884, mais qu'il sera possible de les constituer avec des industriels appartenant à des *professions distinctes*. C'est à cette condition qu'elles pourront se multiplier et manifester tous leurs avantages. Ainsi comprises,

---

(1) L'article 3 indique le luxe de précautions qui seront prises à l'égard de ces caisses pour surveiller leur établissement et leur fonctionnement.

(2) *Rapport au nom de la Commission de statistique et de la comptabilité des sociétés de secours mutuels.* — Ministère de l'intérieur, 1893.

ces Caisses syndicales ne seront pas autre chose que ces *Caisses régionales,* dont je n'ai cessé de proclamer l'excellence et qui commencent à s'introduire dans la plupart de nos lois ouvrières, déjà votées ou en cours d'élaboration [1].

En résumé, — et je me hâte de terminer ici ces trop rapides observations, — tout en méritant les critiques dirigées contre ses obscurités menaçantes et ses imperfections de texte, la loi de 1895 procède d'une pensée honorable de prévoyance et de défense des pensions ouvrières. Elle ne s'applique directement qu'aux retraites et laisse en dehors toutes les autres institutions, même celles qui sembleraient y confiner d'assez près. Elle ne s'applique pas non plus aux retraites, qui ne sont accompagnées ni de retenues ouvrières ni de versements patronaux réguliers. Quant à celles qui sont dans ce dernier cas, leurs organisateurs ont le droit d'opter entre quatre caisses, dont les deux plus recommandables sont la Caisse nationale de la vieillesse, avec ses livrets individuels et ses précisions, et la Caisse syndicale, avec ses initiatives et ses groupements féconds.

Si la Caisse de la vieillesse est la forme favorite de la loi, comme je l'ai indiqué, celle que je conseille de toutes mes forces est la Caisse syndicale, parce que c'est celle qui me paraît concilier de la manière la plus heureuse tous les intérêts en jeu.

Aux ouvriers, elle donne la sécurité de leurs pensions au point de vue de la correction des calculs, de l'équilibre entre les promesses et les ressources et de la bonne gestion des capitaux.

L'État, de son côté, y gagne de soulager ses attributions financières en même temps que ses responsabilités morales et politiques, de s'épargner le choc direct des intérêts, de se renfermer dans son rôle supérieur de tutelle et de contrôle, d'allumer de nombreux foyers de vie sociale et d'initiative privée, enfin de diminuer, dans l'organisme national, la congestion du cerveau et l'engourdissement des extrémités.

Quant aux patrons, au lieu de se laisser passivement enrégimenter dans une organisation d'État, la Caisse syndicale leur offre le moyen de constituer une association libre, composée et installée à leur gré, d'après leurs convenances personnelles. Elle est diri-

---

[1] Voir l'*Organisation de l'assurance* (Congrès des accidents du travail, Paris, 1889); les *Caisses régionales* (Congrès des sociétés savantes, 30 mai 1890); le *Rapport au nom du jury de l'Exposition d'économie sociale* de 1889, etc.

gée par les personnes qui ont déjà fait leurs preuves dans les caisses d'épargne, les habitations à bon marché et autres institutions analogues de prévoyance; elle fournit un aliment à l'activité de ces hommes d'expérience et de dévouement; elle restitue, au point de vue des initiatives généreuses, une vie propre aux régions et aux localités, qui sont trop accoutumées à toujours attendre l'impulsion du centre; elle établit entre ces diverses caisses une utile émulation pour le bien, chacune d'elles pouvant se mouvoir librement dans le cadre tracé par ses statuts.

Aussi ne saurais-je trop adjurer les industriels de s'orienter de ce côté, et d'y déployer les qualités viriles de l'association libre, plutôt que de s'abandonner, soit aux solutions d'État qui dispensent de tout effort, soit au découragement, mauvais conseiller, qui les pousserait à liquider leurs institutions patronales.

Plus que jamais, en effet, ces institutions sont nécessaires aujourd'hui. Que parle-t-on de les supprimer, quand il s'agit, au contraire, de les fortifier et de les étendre? Celles qui sont fortes et prospères n'ont rien à craindre de la loi. Quant à celles qui, improvisées hâtivement et avec une témérité inconsciente, sont mal venues et peu viables, ce sera leur rendre un réel service que de les obliger à subir une revision, dont l'heureux effet sera de les soustraire aux inquiétantes menaces de l'avenir.

Si la loi du 27 décembre 1895 est appliquée par l'Administration, — comme j'en suis persuadé, — dans une pensée de bienveillance et de respect pour les institutions patronales; si elle est acceptée par les patrons — comme je l'espère, — dans une pensée de liberté, de virilité et de prévoyance; enfin, si elle aboutit à donner à ces organisations des bases plus solides, à développer les caisses syndicales et à prévenir de douloureux et d'irritants mécomptes, qui contiennent en germe l'antagonisme et la grève, cette loi, — malgré ses imperfections évidentes et les appréhensions qu'elle a éveillées, — aura été en somme salutaire aux institutions patronales, de même que l'est une crise de croissance aux adolescents; par un contre-coup indirect mais certain, elle contribuera à l'affermissement de la paix sociale dans l'atelier, c'est-à-dire à la prospérité même de l'industrie, qui n'a pas de support plus assuré que le bien-être et la satisfaction du personnel. (*Applaudissements prolongés*).

BAR-LE-DUC. — IMPRIMERIE CONTANT-LAGUERRE.

CONGRÈS INTERNATIONAL DES ACCIDENTS DU TRAVAIL

Premier Congrès international des accidents, Paris 1889

Tome I. *Rapports*, 1 vol. gr. in-8º de 516 pages.
Tome II. *Comptes-rendus*, 1 vol. gr. in-8º de 476 pages. } Prix : **15** francs.

Deuxième Congrès international des accidents, Berne 1891

Rapports et comptes-rendus, 1 vol. gr. in-8º de 856 pages. — Prix : **12** francs

Troisième Congrès international des accidents, Milan 1894

Tome I. *Rapports*, 1 vol. gr. in-8º de 964 pages.
Tome II. *Comptes-rendus*, 1 vol. gr. in-8º de 572 pages. } Prix : **15** francs.

Bulletin du Comité permanent

Tome I. 1890. 1 vol. gr. in-8º, de 604 pages. } Épuisés.
Tome II. 1891. 1 vol. gr. in-8º, de 720 pages. }
Tome III. 1892. 1 vol. gr. in-8º, de 620 pages. — Prix : **12** francs.
Tome IV. 1893. 1 vol. gr. in-8º, de 560 pages. — Prix : **12** francs.
Tome V. 1894. 1 vol. gr. in-8º, de 452 pages. — Prix : **12** francs.
Tome VI. 1895. 1 vol. gr. in-8º, de 776 pages. — Prix : **12** francs.
Tome VII. 1896. Paraît par fascicules trimestriels. — Prix : **10** francs.

CONDITIONS DE SOUSCRIPTION

On obtient le titre de *Membre adhérent du Congrès des Accidents* par le versement d'une cotisation annuelle de **10** francs, en échange de laquelle sera envoyé le *Bulletin* et les autres publications du Comité permanent ;

On obtient le titre de *Membre donateur* par le versement, en sus de sa cotisation, d'un don annuel d'au moins cinquante francs.

Toutes les communications et demandes doivent être adressées à M. GRUNER, Secrétaire général et Trésorier du Comité permanent, PARIS, 20, rue Louis-le-Grand.

BAR-LE-DUC. — IMPRIMERIE CONTANT-LAGUERRE.

www.ingramcontent.com/pod-product-compliance
Lightning Source LLC
Chambersburg PA
CBHW071429200326
41520CB00014B/3627